ii

III

IV

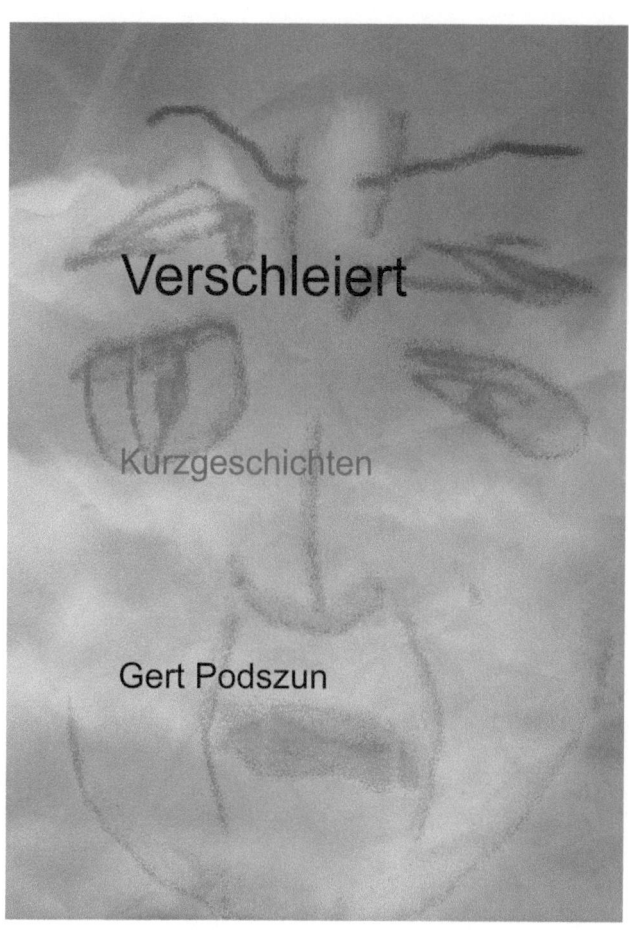

Für Karin, die mich begleitet.

Bibliografische Information der Deutschen Nationalbibliothek:
Die Deutsche Nationalbibliothek verzeichnet diese Publikation in der deutschen Nationalbibliografie; detaillierte bibliografische Daten sind im Internet über http:// dnd.d-nb.de abrufbar.

Impressum
©2014 Gert Podszun
Herstellung und Verlag: BoD - Books on Demand, Norderstedt
Umschlagsentwurf: Gert Podszun

ISBN: 978-3-735-74150-9

Inhaltsverzeichnis

Dienstreise 11
Ernas Taube 15
Moment mal! 19
Morgen 3.0 23
Papier 31
Poren 35
Schadenfroh 41
Sperrmüll 45
Verschleiert 49
Wartezimmer 55
Über den Autor 61
Weitere Werke: 63

x

Dienstreise

Heute muss ich aus beruflichen Gründen nach Farum. Dort befindet sich die Zentrale eines wichtigen Kunden. Farum liegt in der Nähe von Kopenhagen. Vom Flughafen braucht man etwa zwanzig Minuten mit dem Auto. Der Leihwagen verfügt über ein Navigationssystem.

Ich folge den digitalen Anweisungen durch die Stadt. Schnell werde ich ein Teil der Blechschlange, die sich durch Kopenhagens Straßen zieht. Sicher finde ich die richtige Autobahnauffahrt. Nach etwa zwanzig Minuten sehe ich schon das Hinweisschild:

1000 m Abfahrt Farum.
Gleich steht da 500 m. Noch eine Minute.

Das Schild kommt nicht. Ich bin beunruhigt und zweifle sofort, ob ich das Schild 1000 m Abfahrt Farum wirklich gesehen habe.

Die digitale Stimme informiert:
Nächste Abfahrt bitte rechts abbiegen.

Ich weiß nicht genau, wie viel Zeit seit der Vorbeifahrt an dem Schild vergangen ist. Eigentlich hätte ich längst abfahren müssen. Ich fahre auf der richtigen Autobahn. Ohne Zweifel. Das Display bestätigt es. Ich sehe ja die Grafik. Sie zeigt diese Autobahn. Doch die Abfahrt ist weg. Man kann doch keine Abfahrt stehlen.

In meinem Kopf wachsen Fragen. Kann ein Abfahrtsschild einfach verschwinden? Ist die Autobahnbeschilderung nicht mehr zuverlässig und sicher? Stimmt meine

Uhr? Ich schaue auf die Uhr, um Klarheit zu bekommen. Vielleicht war ich abgelenkt und bin an der Abfahrt vorbeigefahren. Es geht ja alles so schnell.

Ich kann die Uhr nicht mehr klar entziffern, die Zeit nicht mehr ablesen. Auf beiden Seiten der Autobahn stehen Bäume. Die weißen Fahrbahnmarkierungen auf der Fahrbahn tauen auf. Die Mittelstreifen verschwimmen. Die Mitte ist nicht mehr zu erkennen. Ich habe die Mitte verloren. Bin mir selbst fremd. Ich schaue nach den Leitplanken und versuche die Straßenbreite zu messen. Es gelingt mir nicht. Ich habe keinen Maßstab.

Die Distanzpfähle an der Straßenseite fliegen einfach nach oben. Die Leitplanken schmelzen weg. Es gibt keine Grenzen mehr. Ich fahre auf einer grenzenlosen Strasse ohne Zeit. Eine fremde Straße. Aber das System kennt sie doch. Habe ich das Abfahrtsschild doch übersehen? Auf einer Autobahn kann man nicht umkehren. Ich warte auf eine Abfahrt, damit ich im System feststellen kann, wo ich bin. Ich muss meine Lage feststellen.

Ich lenke das Auto.

Oder lenkt das Auto mich? Fahre ich überhaupt noch?

Ich lege meine rechte Hand auf den rechten Oberschenkel und spüre die leichte Spannung, die von dem Druck auf das Gaspedal herrührt. Drückt das Bein oder zieht das Pedal?

Neben mir nehmen Beifahrer Platz: Fragen. Meine Hand gibt mir keine Antwort. Die Zeit zum Ziel ist schon überschritten. Ich schaue auf die Autouhr. Die geht nicht mehr. Das habe ich noch nie erlebt. Nie. Aber jetzt, plankenlos, randlos, fragenvoll, zeitfrei.

Vielleicht ist es ja doch das Pedal, das zieht und nicht der Fuß, der drückt. Ich spüre die Zeit nicht mehr. Wie ist es mit der Geschwindigkeit? Der oder das Tachometer arbeitet, zittert digital. Die Geschwindigkeitsangaben sind Zeichen zur verbrauchten Zeit. Kilometer pro Stunde. Ich möchte anhalten. Erklärungen finden.
 Zeitmesser, die nicht mehr die Zeit messen und Geschwindigkeitsmesser, die Zeitaussagen machen. Ich bin Ingenieur. Ich werde das doch herausfinden können! Ich werde also anhalten und Klarheit schaffen. Vielleicht genügt ein Reset der Systeme. Die Schalter werde ich finden. Ganz eindeutig. Ich werde anhalten und Klarheit schaffen, eine Lösung finden.
 Fast vergesse ich, warum ich auf dieser Autobahn bin.
 Mein Fuß verwächst mit dem Pedal. Mein Rücken ist schlagartig nass. Ich klebe an diesem Autositz. Klebend suche ich Antwort und warte. Ich kann mir selbst keine Antwort geben.
 Warum gibt es keine Abfahrt? Warum gibt es keine Leitplanken? Warum gibt es keine Mitte mehr? Ich bin alleine. Frage mich selbst. Irgendetwas fährt mich. Ich komme nicht weiter. Ich kann dieses Fahrzeug nach Farum nicht anhalten. Nichts anhalten.
 Der Wecker ist auf Radio eingestellt. Musik. Das erste Stück heißt „life is life...."

Ernas Taube

Freundinnen treffen sich bei Erna. Sie bewohnt ein Penthouse in der Stadtmitte an der Sevegiusstraße Ecke Dammstraße.

Brigitte erwähnt gerade, dass sie eine rührende Geschichte über Vögel gelesen hat.

Ich finde ja Schwalben ganz toll. Sie kleben ihre Nester an die Wände. Das habe ich als Kind bei einem Bauern im Kuhstall gesehen. Bei aufkommendem schlechtem Wetter fliegen sie tiefer als sonst.

Maike greift den Hinweis auf:

Schwalben sind ja ein Symbol für den Frühling. Sie kommen aus dem Süden zurück und kündigen so den Frühling an. In der Bibel hat die Schwalbe eine symbolische Bedeutung für jemand, der unter Gottes Schutz steht.

Erna:

Toll, was Du alles weißt.

Maike weiß noch mehr:

Auch die Taube taucht in der Bibel auf. Sogar mehrfach. Zum Beispiel schwebt sie als Gottes Geist über den Wassern. Es gibt noch mehr Stellen.

Brigitte ergänzt:

Es gibt ja auch viele Lieder und Schlager über sie. Und man vergesse nicht die Symbolik. Frieden, Hoffnung und Liebe.

Die Kommentare zu Tauben treffen Erna wie eine Keule. Sie hasst Tauben.

Ihr kennt ja die Tauben nicht! Ihr habt ja keine Ahnung.

Sie schweigt einen offenen Moment.

Ja. Sie jagen mir Angst ein. Ich weiß nicht, ob ihr das verstehen könnt. Ich erzähle es euch.

Sie kommen ohne Vorwarnung und in Scharen, landen auf meiner Dachterrasse und scheißen alles voll, auch meine Pflanzen. Ich habe schon viel Taubenscheiße weggeschafft. Eimerweise. Immer wieder habe ich sie weggescheucht mit einem kräftigen KSCHSCH. Und dachte, sie würden das verstehen und nicht mehr wiederkommen.

Sie kamen wieder. Ich bestand nur noch aus diesem KSCHSCH, was sie verjagen sollte. Manchmal habe ich den Dachgartenbesen genommen und mein KSCHSCH durch eine mächtige Luftbewegung unterstützt. Sie flogen dann auf.

Schließlich gelang es mir, sie von meiner Terrasse zu vertreiben. Für Stunden. Für Tage. Sogar für eine Woche. In dem Samengeschäft wollte ich nach Gift gegen Tauben fragen, weil die auch Mäusegift haben. Aber ich habe mich nicht getraut. Ein paar Tage lang kamen die Tauben nicht. Ich stellte meine Liege auf die Dachterrasse und

legte mich drauf. Neben mir ein Glas Vinho Verde. Ich döste. Das Buch, was ich gerade las, purzelte auf den Boden.
Keine Taube weit und breit. Endlich herrschte Ruhe und Ordnung. Den Pflanzen ging es gut. Mir ging es gut. Ich genoss meine Ruhe.
Plötzlich bewegte sich etwas. Es kam nicht von den Pflanzen. Kein Windhauch. Ich vermutete eine Taube. Es stimmte. Es war eine einzelne Taube. Sonst kamen sie immer in Scharen. Sie kam hinter einem der Pflanzenkübel hervor. KSCHSCHT. Es half nicht. Sie wich zurück aber floh nicht. Sie blieb. Ich stand zwischen den Blumenkübeln und wollte sie los werden. Es war aber schon spät und zu dunkel für eine Jagd. Der Besen stand parat. Ich wollte mich am nächsten Morgen um das Vieh kümmern.
Nach einer unruhigen Nacht mit Taubenschwarmträumen ging ich noch vor dem Frühstück auf die Terrasse und suchte nach der Taube. Ich sah sie nicht. Hoffte, dass sie fort war. Ein wenig dankbar über diesen Gedanken stand ich still da. Plötzlich bewegte sich doch etwas. Hinter einem Pflanzenkübel. Wütend packte ich den bereitstehenden Besen. KSCHSCH. Es half nicht. Sie kam hinter dem Kübel hervor. Ich schleuderte den Besen in ihre Richtung. Ich wartete. Es bewegte sich nichts. Ich ging erst schnell, dann langsam. Bis zum Rand der Terrasse. Sie war da. Am Rand. Bewegte sich nicht. Ich trat fest auf den Boden. Fester. Sie bewegte

sich immer noch nicht. Näher heran, bis an den Rand der Terrasse mit der Regenrinne. Sie saß nicht. Sie lag auf der Seite. Das tun Tauben doch nicht ging mir durch den Kopf. Ich neigte mich über sie. Ohne Kopf war sie. Ich suchte nach dem Kopf. Ich drehte mich um mich. Er war nicht aufzufinden.

Ich musste zur Arbeit und konnte nicht länger suchen. Der Lift nach untern kam mir träge vor. Auf der Sevegiusstraße warte ich vor der roten Ampel. Schaue links und rechts nach unten. Trottoir, Rinnstein. Und mitten drin ein abgeknickter Taubenkopf.

Kopflos.

Die Freundinnen schütteln ihre Köpfe.

Moment mal!

Der Nachmittag am Ende einer Woche. Warm die Luft um das Haus und in den Räumen, angenehm auf der entblößten Haut. Vom Balkon beobachte ich den werdenden Abend. Behäbige Wolken hängen wie schleifende Vorhänge vom Himmel herunter und lassen die schmale Sichel des Mondes ab und zu durchschauen. Ruhe.
Keine Nachbarn in den Gärten zu sehen. Sie sind auf das Wochenende vorbereitet, haben die Rasenflächen geschoren, die Sandkästen und die Spielgeräte überprüft. Gartenstühle, Tische und unvermeidliche Grillgeräte stehen bereit.
Stilles Beobachten. Das Ende meiner gewöhnlichen Arbeitszeit steht bevor. Mein Tagwerk ist getan und soll in der nächsten überschaubaren Zeit ein grundsätzliches Ende haben. Abschiedsstimmung von einer Lebensperiode kommt auf. Das passt zu den still dahin ziehenden Wolken, die reich sind in ihrer Bildersprache.
Ich bin allein. Allein mit diesem Abend, dem Abschied und den nicht sprechenden Wolken. Allein an einem Bahnsteig, von dem der Zug des erledigten Tagwerkes abgefahren ist. Ohne neuen Fahrplan und die erhoffte Ankündigung über die Lautsprecher:

Meine Damen und Herren, der Zug für das nächste Tagwerk fährt in wenigen Minuten ein. Bitte treten Sie zurück.

Meine Uhr tickt weiter und ist nicht auf den für mich nicht mehr fahrenden Zug geeicht. Sie tickt mit den Wolken und diesem Abend, der mit seiner wachsenden Dunkelheit die zahlreichen Grüntöne der Bäume in den Gärten zwischen den Häusern zu einem immer gleicher werdenden Grün vermischt. Alles wird in eine gleiche Farbe getaucht. Bin ich auch grün?

Ich stehe vor einer neuen Ära, die ich das Zeitalter der Momente nenne. Ein Moment ist ein Kleinkind der Zeit. Alle sagen, dass sie keine Zeit haben, aber die Zeit hat sie. Und sie sehen oder verstehen es nicht. Doch das bedeutet nichts. Man soll keine innere Beziehung zur Zeit haben.

Inzwischen ist es so dunkel geworden, dass künstliches Licht gebraucht wird, um weiter lesen oder schreiben zu können.

Ich rieche mich und meine Haut. Ich steige so an mir selbst empor und sitze in der sich verdunkelnden Welt, wissend, dass wieder einmal ein Tag seinen Abschied nimmt, ohne auf die Abschiedsfrage zu antworten.

Zeit hat nicht die Eigenschaft, meine Haut zu streicheln, dennoch ist meine Haut von der Zeit geprägt. Vom ersten Tage an bemalt die Zeit die Haut und bestimmt sie. Zeigt ihr eine höhere Ordnung. Über der

Schutzcreme oder den von der Sonne beeinflussten Pigmenten.

In der Dunkelheit kleidet die Zeit Haut anders ein. Aus den leichten Schatten der Abendstunde wachsen Schutzhüllen, Tarnkappen vor der neuen Zeit. Zeit ist immer neu. Weil sie nicht nur hinter uns liegt, sondern uns auch immer vorauseilt. Diese Geschwindigkeit haben wir nicht. Wir wissen, dass sie immer vor uns ist. Und behaupten dann auch noch, dass wir sie haben. Sind wir denn im Besitz der vergangenen Zeit? Hier habe ich einen ganzen Berg von Fragezeichen wegzudenken. Aber es wird mir nicht gelingen, wenn ich nicht aus den Fängen dieser Fragen herauskomme, mich möglicherweise herausnehmen kann. Herausnehmen aus der Zeit und aus den von ihr herrührenden Fängen, Fesseln, Fragen.

Mein Atem hat keine Farbe, ist gleichgültig gegenüber dem Dunkel und geht mit der Zeit. Bauch und Brust heben und senken sich im Rhythmus. Draußen ist die Luft schwarz geworden. In ihr übernachten die grün gewesenen Bäume, die mich im Licht morgen wieder erwarten werden. Schon wieder diese Zeit.

Ich strebe nach dem Moment.

Morgen 3.0
Ein Blick nach übermorgen

Sven Korbinijew schläft immer sieben Stunden. Das ist seine medizinisch optimierte Ruhephase. Sein IComS[1] weckt ihn pünktlich.
Gestern hat er anlässlich seines Geburtstages mit Freunden ein interaktives Schauspiel auf der Basis von Shakespeares *Julius Caesar* veranstaltet. Sie waren über ihre IComS zusammengeschaltet. Obwohl sie nicht alle an einem Ort waren, spielten sie miteinander. Jeder konnte in die Handlung eingreifen und mitgestalten. Sie haben ihre eigene Vorstellung angesehen. Ihre IComS transferieren die Erlebnisinhalte direkt in die Gehirne. So sehen sie die gespielten Szenen und empfinden einander in körperlicher Nähe. Sven freut sich. Sein IComS bestätigt ihm durch Rückmeldungen der Teilnehmer, dass es eine gelungene Veranstaltung war.
Sven löst gedanklich *Frühstück* aus und sein IComS kombiniert die optimale

---

[1] IComS = InteraktivesCommunication-System; jeder ist über das IComS vernetzt, Er ersetzt unter anderem das Handy und verbindet Gehirne mit festgelegten Programmen.

Nahrungsaufnahme. Es analysiert die physisch-psychische Verfassung von Sven und ermittelt die notwendige Zusammensetzung des Frühstücks aus dem Homefoodcontainer. Während Sven in seinem Bodyshaper eine Trockendusche nimmt und danach die Multifunktionskleidung anlegt, bereitet der Küchenroboter das auf den Tagesplan abgestimmte Frühstück zu. Die entnommenen Zutaten werden an Svens IcomS übermittelt. Das initiiert den anfallenden Nachschub durch den FoodService frei Haus.

Svens IcomS zeigt den Tagesplan: Nach dem Frühstück hat er Dienst im Distriktcenter. Danach wird sein routinemäßiger Bodycheck fällig. Gegen Mittag wird er seine Freundin Ariane treffen. Die Koordinaten des Treffpunktes wird er über sein IComS noch erfahren.

Im IComS ist eine MobilApp gespeichert. Damit kann er jederzeit ein ChipCar nutzen. Diese Fahrzeuge werden in unteririschen Parksilos gespeichert. Eine Bestellung wird durch den Gedanken ausgelöst. Das IComS reserviert ein ChipCar zu den Koordinaten des Bestellers und bestätigt den Eintreffzeitpunkt.

Beim Verlassen der Wohnung sperrt sein IComS die Türen automatisch ab, aktiviert die Sensoren der Alarmanlage und regelt die Energieversorgung auf Sparleistung.

Im ChipCar erfährt er die Kurzfassung der aktuellen Nachrichten:

Weltklima:
In den Ersatzstädten der ehemaligen Hafenstädte Bremerhaven, Hamburg und Rotterdam finden Gedenkfeiern statt. Vor zwanzig Jahren mussten sie dem gestiegenen Meeresspiegel weichen.
Weltbevölkerung:
De Weltbevölkerung beträgt neuneinhalb Milliarden Menschen.
Welternährung:
Bananenplantagen in Brandenburg und Polen mit guter Ernte.
ISS 2 als Basis für Nahrungssuche im All.
Die Bewässerung der afrikanischen Landflächen zeigt wiederum Erfolge.
Wieder neue Pflanzentypen in Nordeuropa festgestellt. Die Ernährungsbasis in den Meeren durch Algen- und Fischplantagen gerät an die Grenzen.
Weltregierung:
Die Weltstaatenkonferenz hält nach der Abschaffung der Staaten an dem Prinzip der Distriktorganisation fest.
Weltreligionen:
Religionsführer GoogleSoft besucht Distrikte in Indien.
Weltgesundheit:
Nanotechnologie erringt weitere Siege gegen AIDS.

Biobricks im Vormarsch: Der synthetischen Biologie ist es gelungen, Zellvorgänge gezielt zu steuern. Umgebaute Mikroorganismen stellen künstliches Leben dar und ermöglichen die Bindung von Kohlendioxid und produzieren Wasserstoff.

Das Fahrzeug setzt Sven vor dem Distriktcenter ab. Der Lift bringt ihn zu seinem Arbeitsplatz im Kontrollraum. Hier werden die vernetzten IComS aller im Distrikt Lebenden überwacht und ausgewertet. Der Grad der Zufriedenheit kann in einer Skala ebenso abgelesen werden wie etwaige Trendänderungen in Mode und Medienkonsum. Ebenso wie Mobilitäts- und Ernährungsgewohnheiten. Störende Veränderungen werden auf einem speziellen Display hervorgehoben, um unverzügliche Korrekturmaßnahmen einleiten zu können.

Die Allstaatenkonferenz ist vor Jahren übereingekommen, die Welt in vernetzte Distrikte einzuteilen.
Zuvor wurde erkannt, dass etwa 20 Prozent der Weltbevölkerung die Produkte und Dienstleistungen herstellen und erbringen, die insgesamt benötigt werden. Die übrigen 80 Prozent müssen ernährt und unterhalten werden. Man hat dies schon früher erkannt und tittytainment[2] genannt. Alle

---

[2] Tittytainement
(S. 12 f "Die Globalisierungsfalle" von Hans-Peter Martin und Harald Schumann)

Bürger sind deshalb seitdem mit IComS ausgestattet. So können sich die Distriktleitungen stets ein Bild über die Verfassung der Bürger machen. Nach der weltweiten Abschaffung des Geldes sind Lizenzen verteilt worden. In früheren Zeiten war das die Grundrente. Eine Lizenz ist vergleichbar mit virtuellem Geld. Sie wird im IComS gespeichert. Für alle Bürger stehen Unterhaltungsmodule aus einem kostenlosen Mediapool bereit. Sonderwünsche kosten Lizenzteile.

Sven ist für den Distrikt 49.53.100 verantwortlich. Sein Distriktcenter ist mit den anderen Distrikten selbstlernend vernetzt. Nach der Kontrolle wird Sven an den fälligen Bodycheck erinnert. Sein IComS hat die erforderlichen Daten seines Körpers erfasst. Ein ChipCar bringt ihn zum MedicalCenter. Seine klinischen Daten werden von IComS ausgelesen und in die Medizinische Datenbank übernommen und dort mit den neuesten Daten abgeglichen. Sein IComS erhält eine Rückkopplung mit Empfehlungen für seine Ernährung und die weitere Fitnessarbeit.

Arianes Nachricht zum Treffpunkt ist inzwischen eingetroffen. Sie holt Sven mit

---

"Tittytainment", so Brzezinski, sei eine Kombination von " entertainment" und "tits", dem amerikanischen Slangwort für Busen. Brzezinski denkt dabei weniger an Sex als an die Milch, die aus der Brust einer stillenden Mutter strömt. Mit einer Mischung aus betäubender Unterhaltung und ausreichender Ernährung könne die frustrierte Bevölkerung der Welt schon bei Laune gehalten werden."

einem ChipCar ab. Ihr Ziel ist ein Restaurant außerhalb der Stadt. Dort ist ein Zweiertisch reserviert. Es heißt *Salud*. Ariane ist in Ägypten geboren und lebt seit zwei Jahren im Distrikt 49.53.100. Sie musste die deutsche Sprache nicht lernen. Sie kann mit Sven auch so kommunizieren. Die internationale Sprachendatendatei SORIS erledigt das für sie. Ariane kann in ihrer Muttersprache sprechen und Sven hört simultan die Übersetzung in Deutsch.

Während der programmierten Fahrt sitzen sie sich gemütlich gegenüber. Die Fahrt führt durch ein Landschaftsgebiet. Dort sind in gleichen Abständen Landsensoren installiert, die das Wachstum und die Entwicklung der Feldfrüchte überwachen. Auf ihr Kommando werden für notwendige Arbeiten entsprechende Landroboter eingesetzt.

Das Restaurant *Salud* besteht aus einer Grottenlandschaft mit integrierten Sitzgruppen. Ariane und Sven erhalten in ihren IComS individuelle Vorschläge für Ihr Menü. Zustimmende Gedanken lösen die Bestellungen aus.

Ariane erkundigt sich nach seiner Arbeit:

Ist in Deinem Distrikt alles in Ordnung?

Für die Unterhaltung haben wir das Standardmediaprogramm belassen. Neue Programme müssen hinzukommen, damit die Leute ruhig bleiben.

Ihr könnt doch die Programme unter den Distrikten austauschen.

Das machen wir ja auch. Aber trotzdem merken wir, dass die Nachfrage nach neuen Inhalten aus dem Mediapool groß ist. Die Leute wollen immer etwas Neues.

Könnt ihr nicht einfach auch alte Filme nehmen? Die Leute vergessen doch schnell.

*Das ist ein guter Ansatz. Mit dem **Wasser des Vergessens** haben wir Deine Idee schon umgesetzt.*

*Was meinst Du mit **Wasser des Vergessens**?*

Die öffentliche Wasserversorgung erreicht ja jeden Haushalt und ist entsprechend angereichert worden. Alle Ereignisse, die älter als dreißig Tage sind, verschwinden aus den Gedächtnissen. Da gibt es noch winzige Lücken. Die von der Weltmedizin arbeiten daran.

Also, alle vergessen alles. Und was ist mit der Produktion der vielen Waren?

Das ist in speziellen Distrikten organisiert. Die bekommen dort ein anderes Wasser.

Und was arbeiten die Leute in unserem Distrikt?

Die haben Arbeit. Virtuelle.

Was heißt das?

Sie stellen irgendetwas her. Die Ergebnisse werden über ihre IComS erfasst und in entsprechenden Distrikten analysiert. Innovationen werden behalten. Der Rest wird vernichtet, weil er einfach nicht benötigt wird. Das gilt natürlich nicht für Dienstleistungen.

Und dann verschwindet alles wegen des **Wassers des Vergessens**?

Ja, auch, aber es ist viel mehr als das. Wir leben in einer Ära des Vergessens. Das Wissen über Produkte und Dienstleistungen ist im Distrikt BigData gespeichert und gesichert. Es reicht für alles. Wenn es gespeichert werden kann, kann man es auch getrost vergessen. Wenn man es benötigen sollte, kann man es ja wieder aktivieren. Also habe den Mut zu vergessen!

Sven, vergiss es!

Papier

Im Drogeriemarkt gibt es einen Automaten, der digital erstellte Fotos ausdrucken kann.
Erika hat eine Speicherkarte mitgebracht. Mit Bildern von ihem kurzen Urlaub in der Toskana. Die Landschaft hat ihr gut gefallen. Sehr gut. Hat ihr Entspannung vermittelt. Und so ein Lächeln, ein zufriedenes Lächeln. Zudem ein wohliges Gefühl. So angenehm. Anders als Zuhause in Duisburg. Nun möchte sie die schönen Fotos ausdrucken lassen. Als Erinnerung. Von ihrer Speicherkarte. 4 Gigabyte. Das soll ganz viel sein, hatte der Verkäufer der Digitalkamera gesagt. Das war für sie auch so in Ordnung.
In ihrem Kopf sind die Bilder noch lebendig vorhanden. Angenehme Erinnerungen. Sie will sie nicht verlieren.
Sie hat sich entschlossen die Bilder in diesem Drogeriemarkt ausdrucken zu lassen, weil sie keinen besonders guten Drucker besitzt. Sie hat nur einen etwas älteren PC mit einem einfachen Drucker. Da können die Farben nicht klar genug wiedergegeben werden. Den PC benutzt sie wie eine Schreibmaschine mit einem Textprogramm, das Texte korrigieren kann. Man muss dafür nicht

so viel nachdenken, wenn man sich einmal verschrieben hat.

Sie kann die Fotomaschine in dem Drogeriemarkt nicht alleine bedienen. Der Mitarbeiter des Drogeriemarktes ist freundlich. Ein dünner Oberlippenbart schwingt mit, wenn er ihr erklärt, wie die Maschine funktioniert.

Erika hört zu.
Ich hätte gerne Hochglanzfotos.
Das ist kein Problem.
Ist das auch ökologisch? Ich meine, was sind da für Stoffe in dem Papier, dem Hochglanzpapier?
Der Oberlippenbart zuckt.
Also bei hochwertigen Papieren werden zum Beispiel Calciumkarbonat, Titandioxid und Nassfestmittel eingesetzt. Damit erreicht man eine hohe Bildqualität. Wir verwenden hier hochwertige Papiere. Soll es das sein?
Erika staunt.
Ist das ökologisch? Also sauber?
Der Oberlippenbart verharrt still.
Wissen Sie es nicht?
Das gehört eigentlich nicht zu meinen Aufgaben.

Vielleicht sollte ich mir die Bilder doch lieber nur am PC anschauen.
Wissen Sie, welche Materialen in vielen Maschinen, Druckern und PCs verarbeitet werden? Es sind neben klassischen Werkstoffen wie Stahl und Kupfer auch Sel-

tene Erden, die sich mittlerweile als Mangelware herausstellen und zu einem Wirtschaftskrieg zwischen den großen Nationen dieser Welt beitragen werden. Auch in Afrika. Und Südamerika. Und natürlich in China und anderswo.

Erika schaut auf ihre Speicherkarte. Sie schweigt, als sie den Drogeriemarkt verlässt.

Poren

Die Leute würden sagen, dass dieser Mann eine große Nase hat. Der Mann saß wie jeden Tag an einem dieser Fenster im vierten Stock des Mehrfamilienhauses und blickte nach draußen. Seine Haut ähnelte der Farbe der Fensterscheiben. Sie schimmerten matt und grau. Gealtert unter dem aufgewirbelten Schmutz der Stadt, dem aufsteigenden Staub vom Reifenabrieb der vielen Autos, die sich zu vermehren scheinen. Tag um Tag. Dahinter die Welt. Von dieser großen Stadt. Ein Kreißsaal der Geschehnisse. Er saß da mit seiner gelebten Zeit.

Der Geschmack der vergangenen Zeit klebte auf seiner Zunge. Es war für ihn mühselig und beschwerlich, die Zeiger der alten Uhr herunterschlucken zu müssen. Einige alte Minuten waren schwer zu verdauen. Ein paar dicke Minutenbündel waren schon in den Mülleimer hinein gesackt und dort vergessen worden.

Dieser alte Müll müsste noch entsorgt werden. Moderne digitale Zeiger wiegen nichts, anders als die alten analogen, die man noch anfassen konnte. Sie zeigen auch die Zeit. Ganz genau. Schmecken nicht. Man kann sie nicht vom Ziffernblatt abbrechen.

In seinem Gedärm blockierten die alten Zeiger den Verdauungsprozess.
Das kann ich auch mit einem guten Schluck aus der Flasche nicht ändern.
Er hatte sich fast an dieses unangenehme Völlegefühl mit der Menge der vergangenen Zeit gewöhnt.
Ob die lange Zeit meine Figur verändert hat mit den vielen schwer verdauten Zeigern? Das Innere kann nach außen wirken.
Seine Adern kamen ihm vor wie Kabel. Darin der Strom der Zeit. Blutlose Magnetfelder drum herum. Er war allein und wollte sein Gefühl verbessern, sich selbst nahekommen, hatte er sich doch in all diesen Jahren zu sehr von sich entfernt.
Fast hätte er seine Nase direkt an den kalten Badezimmerspiegel gedrückt. Er betrachtete intensiv seine Poren. Sie sollen ja größer werden, hat man ihm gesagt. Mit der Zeit. Also wenn man jung ist, hat man kleine Poren; wenn man alt ist sind sie größer. Zumindest an der Nase. Da besonders, hatte Fred ihm erklärt. Oder war es Else, die Wirtin von der Eckkneipe, die er früher öfter besuchte. Er konnte sich noch daran erinnern, dass sich an der Außenwand der Kneipe ein großer Placken aus grauem Putz gelöst hatte und jeden Moment herunter zu fallen drohte.
Immer kann etwas herunterfallen. Und wenn es die alten Satelliten sind, die die Menschen in den letzten Jahrzehnten in den Himmel geschossen haben. Als Zeichen einer Hoffnung, von einem Plan. Satelliten sind

kein Wandputz. Manche von ihnen arbeiten nicht mehr, sind fliegender Schrott. Ob einer von ihnen irgendwann zu seinem Absender zurück kommt? Auf jeden Fall sind einige schon tot, senden nicht mehr. Stille.

Still war es auch in der Wohnung. Er vermisste das Geräusch des Staubsaugers in der Wohnung. Seine Frau bediente ihn nicht mehr.

Es waren nur ein paar Leute mit zu ihrer Beerdigung. Der Friedhof liegt direkt an einer Umgehungsstraße. Der Lärm der vorbeifahrenden Autos konnte den Pfarrer nicht davon abhalten, seinen vorbreiteten Text vorzutragen.

Seitdem gab es für den Mann ein Problem mit dem Staubsaugen. Er kannte sich mit Hausarbeit nicht aus und hatte den Staubsauger nie bedient.

Sie hatten in den letzten Jahren wenig miteinander gesprochen. Nun hatte er Sehnsucht, selbst nach dem gemeinsamen Schweigen. Die Einsamkeit machte ihm mehr zu schaffen als er zunächst gedacht hatte. Er spürte den Schmerz ihres Verlustes.

Manche sagen, die Doktoren der Medizin könnten Schmerzen wegmachen. Aber das geht nicht so einfach. Sie zeigen, dass und wie man sich selber helfen muss, um die Schmerzen loszuwerden, aber er musste ja noch leben, Lebenszeichen geben. Seine deutlichsten Lebenszeichen waren das Gurgeln nach dem Zähneputzen und das Rülpsen. Manchmal rülpste er nach dem Essen. Oder auch nur so. Das tat ihm ihr gegenüber leid. Er hatte vergessen, was man dann zu sagen hatte und schaute nur etwas verunsichert dorthin, wo sie früher gesessen hatte. Sie wusste damals, wie viel Zucker er im Kaffee liebte, dass er ganz gerne die Sportschau oder spannende Western sah. Da wurden die Stunden einfach weggefressen. Jetzt hatte er den Sendeplan nicht mehr im Kopf.

Der soll ja in links und rechts geteilt sein, der Kopf. In Gefühl und Verstand. Sie hatte ihm das einmal erklärt. Ja, es gab noch ein Bild von ihr. In einem silbernen Rahmen. Den hatte er bis vor einiger Zeit noch selbst mit kleiner Andacht geputzt. Zu der Zeit ging er noch ab und zu in die Eckkneipe und hörte den Gästen zu. Neben den Äußerungen zu den Taten der Oberen, wie die Leute die Politiker zu nennen pflegten, hörte er oft von Computern und Internet und elektronisch gesteuerten Maschinen. Sein Freund Fred schien sich mit dieser Thematik gut auszukennen. Er hörte ihm aufmerksam zu. Wegen der gesteuerten Maschinen und Robotern und der digitalen Zukunft. Und dem fehlenden Geräusch des Staubsaugers.

Jetzt hast Du ja viel Zeit, Du solltest Dir einen Computer kaufen und einen Internetanschluss installieren. Dann bis Du mit der ganzen Welt verbunden.

Die ganze Welt brauche ich nicht.

Die Sache interessierte ihn trotzdem, auch wegen des Staubsaugers. Er schaute nach unten auf die Straße.

Die Welt hat sich verändert. Sie ist grauer geworden. Aus der Entfernung wird alles grau.

Irgendwann war dieses große Stück Putz von der Außenwand der Eckkneipe herunter gebrochen. Danach war die Kneipe neu verputzt. Leuchtreklame. Mit einem großen roten M. Er ging nicht mehr dorthin. Er beschäftigte sich mit dem neuen Computer. Damit kann man ja so viel machen. Hatte Fred gesagt. Und das wollte er jetzt wissen. Als er das mit der Suchmaschine begriffen hatte, tippte er *Staubsauger* in das Suchfeld. Was für ein Gedränge! Marken, Funktionen, Farben, Kilowatt, Saugleistung, Schnuraufwicklung, Fahrbarkeit, Staubbeutel, Kabellänge, Fernbedienung, Kabellos, Saugroboter. Er brauchte viel Zeit, um aus der Menge der Daten etwas zu finden, was ihm deutlich machen konnte, wie der Staub in der Wohnung am besten entfernt werden konnte.

Denn Staub gibt es ja immer.

Schließlich fand er einen Saugroboter.

Der macht das alleine. Ich kann das mit dem alten Staubsauger sowieso nicht und mir fällt jede Bewegung schwer.

Er fühlte sich steif, irgendwie erstarrt. Als wenn die Welt stehen bleiben, keine Straßenbahnen mehr fahren, keine Glocken mehr schlagen würden. Alles seinen Zustand geändert hätte, das Meer auf dem Kopf, die Flüsse still stehen und die Berge flach werden würden. Die Berge hatte er nie in seinem Leben gesehen. Dafür hatte er viel unter der Erde gesehen. Es war einmal ein sicherer Beruf als Steiger. Kohle wurde gebraucht. Für das Kochen von Stahl, Energieversorgung und vieles mehr. Das alles ist lange vorbei.

 Jetzt will er wissen, ob die Poren seiner Nase größer geworden sind und rückt sein Gesicht ganz nahe an den kalten Badezimmerspiegel. Drinnen, also in der Mitte der Poren ist es dunkler. Kohle, denkt er. Er kratzt mit dem Nagel eines Daumens von oben, von der Nasenwurzel kommend und schiebt ihn nach unter zu den Nasenlöchern. schaut auf den Nagel.

 Keine Änderung. Nur die Nasenseite ist leicht gerötet.

 Da fiel ihm ein, dass er vergessen hatte, den Mülleimer hinunterzubringen.

Schadenfroh

Nicht der dichte Nebel stört mich, sondern die Treppe, die ich hinauf zu gehen habe. Sie ist steiler als eine Normtreppe. Man könnte stolpern. Sie befindet sich in einem Industriegebäude. Es gehört zu einem Firmenkomplex, in dem ich als Assistent des Vorstandes arbeite. Heute gehe ich zu einer Verhandlung wegen eines größeren Versicherungsschadens.

Vor mir liegt eine Besprechung. *Liegt* ist ein falscher Ausdruck. Sie steht mir bevor. Die Gesprächspartner sind mir zum Teil aus früheren Begegnungen bekannt. Da ist der graue hängende Schnäuzer von der Immobilienversicherung. Er kann gut schweigen und weicht konkreten Fragen nach Lösungen einfach aus. Er müsse jeweils seine Vorgesetzten fragen. Er trägt die hohe Verantwortung seines Jobs in Form einer stattlichen Vorratskammer unter seiner Weste vor sich her. Er wird die Ohren spitzen und wenig sagen, vielleicht wird er ein paar Notizen machen. In seiner Agenda. So nennt er das in Leder eingebundene Buch, das er vor sich hinzulegen pflegt.

Dann kommt bestimmt Dr. Perwille, ein Wirtschaftsprüfer, mit dem ich nicht warm werden kann, obwohl wir uns seit Jahren immer wieder begegnet sind. Er kann mir einfach nicht in die Augen sehen. Seine Hände pflegt er unter der Tischkante auf der mitgebrachten Aktentasche zu positionieren oder in hellbraunen Lederhandschuhen zu verbergen. Mir ist das nicht ganz gleichgültig. Ich finde es immer noch bemerkenswert. Er ist sicherlich ein guter Anwalt. Ich weiß nicht immer wessen.

Zu seiner Seite wird wahrscheinlich Isabell Zell, Dr. Isabell Zell, sitzen. Sie legt wert darauf, mit *Frau Doktor* angesprochen zu werden. Ihre Waden werden von lilafarbenen blickdichten Strümpfen umhüllt sein. Das ist immer so. Ansonsten bevorzugt sie Brauntöne. Wie Erde. Oder manche Felssorten. Ihre Brille steckt meistens in dem aufgetürmten Haar, welches ihr augenscheinlich zusätzlich Größe vermitteln soll. Wenn sie spricht, folgt einem ziemlich schrillen ersten Vokabelpaar eine langsame und eher langweiligen Wortfolge, in der viele Vorschriften und Paragraphen ordentlich zitiert werden. Eine brave Juristin. Sie schaut übrigens nie auf die Hände ihres Nachbarn.

Die beiden Methodisten, so habe ich sie einmal getauft, werden auch zugegen sein. Sie gehören zu einer britischen Finanzierungsgesellschaft mit einer Buchstabenkombination, die ich zwar behalten habe, aber gerade nicht übersetzen kann. Alle nennen die Firma nur bei dem Buchstabenkürzel. Sie vertreten die Interessen der Finanzgruppe, die einen gewichtigen Anteil am Kapital der Gesellschaft hat. Sie tragen üblicherweise die klassischen dunkelblauen Anzüge mit hellblauen Hemden, schwarzen Lackschuhen und sehen so aus, als wenn sie jeden Moment eine Broschüre der Methodisten heraus geben wollen. Das ist der Grund, warum ich sie so getauft habe.

In der Fabrik hat es einen Brand gegeben. Eine wichtige Produktionsmaschine hat offensichtlich durch einen Kurzschluss Feuer gefangen und das Fabrikgebäude durch ein sich rasch ausbreitendes Feuer stark in Mitleidenschaft gezogen. Dies war umso schlimmer, als sich der Brand in tiefer Nacht ereignete und die Feuerwehr möglicherweise etwas länger als sonst benötigte. Dabei war das Gebäude über ein Alarmssystem und Fernkontrolle an die Feuerwehrzentrale angeschlossen. Das Besondere an dem Brand war, dass giftige Stoffe frei gesetzt wurden, was zu einer deutlichen Betriebsunterbrechung führte. Damit gab es die Erwartung, dass der ausfallbedingte finanzielle Verlust durch die Versicherung vertragsgemäß erstattet werden sollte.

In dem Treffen soll erörtert werden, wie der Schaden abzuwickeln sei.

Der Eigner kommt wegen Verkaufsverhandlungen in Norditalien etwas verspätet hinzu. Ich bin sein Adjutant, die rechte Hand, wenn er es will und soll höllisch aufpassen, Protokoll führen. Die Dame und Herren sprechen. Gestikulieren. Notizen werden gemacht. Mobiltelefone kommen zum Einsatz. Die Methodisten sagen so etwas wie *same procedure as last case.* Der Wirtschaftsprüfer greift in seine Aktentasche, legt einen Ordner auf den Tisch und macht sich Notizen. Sein letzter Satz, den ich dann auch protokolliere, ist noch im Ohr, *die Versicherung wird zahlen müssen. Davon bin ich überzeugt.* Der Besitzer nickt. Die Dame mit den Lilabeinen zupft ihre Brille im Haar zurecht.

Der Kaffee und die Plätzchen sind fast vollständig verzehrt. Man erhebt sich.

Ich schaue durch das Fenster auf den Parkplatz, wo der Eigentümer die Herrschaften verabschiedet. Der Wirtschaftsprüfer mit seinem neuen SUV gibt tüchtig Gas, als er auf dem Parkplatz wendet. Er rammt eine Abgrenzungsmauer. Es kracht tüchtig. Sein Wagen nimmt die Erinnerung an das Meeting mit. Ob er die Versicherung anrufen wird?

Ich kann mir ein Lächeln nicht verkneifen.

Sperrmüll

Er blickt an die Wand. Diese alte Wand, die das Haus trägt, das unter Denkmalschutz steht. Sie ist bestimmt ganz dick und solide. Sie fesselt seine Blicke. Er tritt ganz nahe an sie heran, kann nicht von der Betrachtung lassen. Er misst im Geiste die Zeit, die vergangen ist, seitdem diese dicke Wand das Haus über sich hält. Nun will, muss er mehr von dieser Mauer wissen.

Da steckt Geschichte drin.

Zwischen den rosaroten und roten Steinen, die sich von der dünnen weißen übergetünchten Kalkfarbe freizumachen scheinen, rieselt körniger grauer alter Mörtel.

Bestimmt schon lange. Wird er die Steine weiter zusammenhalten, oder werden sie womöglich verrutschen? Sie wären doch schon verrutscht, wenn nicht diese dünnen grauen Mörtelschichten sie davon abgehalten hätten.

Er muss das untersuchen und kann nicht von den Gedanken über diese Mauer lassen. Und andere Mauern, ähneln sie einander doch so sehr.

Die Mauer dort in Berlin, sie hat auch gehalten. Aber dann stellte sich heraus, dass sie eigentlich nur eine Fuge war. Fugen trennen und verbinden gleichzeitig. Zwischen den Menschen mit der gleichen Sprache. Die Steine dieser Mauer waren in Wirklichkeit nicht die Betonplatten selbst, sondern die Schutzvorrichtungen entlang der Mauer und das Blut, das rote, welches zu ihrer Schmierung in die Erde sickerte. Nun kann man sich an sie erinnern.

Oder diese weltberühmte chinesische Mauer, auch Große Mauer genannt, die das chinesische Kaiserreich vor nomadisierenden Reitervölkern aus dem Norden schützen sollte. Heute ein Denkmal. Sie trägt sich selbst. Und die Touristen. Geschmiert von deren Devisen. Eine Fuge, die neugierig macht.

Oder diese Trennmauer, Sperranlage genannt, entlang der israelischen Grenze zum Westjordanland. Geschmiert und gefugt von Geld, Glauben und Politik.

Er denkt, dass es viele Mauern gibt. Viel Trennung. Aber auch Erosion. Vergänglichkeit. Wie auch bei Gedanken. Die Betrachtung dieser Mauer im Keller des Hauses, in dem er wohnt, reicht ihm nicht aus. Er muss sie berühren. Das dünne kalkige Weiß klebt ein wenig. Es gibt aber auch trockene Stellen. Kondensation und Trocknung. Spuren der Erosion kleben an seinem Finger, als er ihn fast sanft in eine Fuge zwischen den Steinen führt. Rau kratzt der Mörtel seine Haut. Das muss man verhindern, denkt er, sonst rieselt die ganze Sicherheit fort. Diese Mauer muss lange halten. Wir wohnen doch hier. Wie wichtig die Fugen sind.

    Seine Frau ruft von oben:

    Hast Du die Sachen für den Sperrmüll zusammen? Es kann doch nicht alles im Keller bleiben. Das wird ja immer enger da untern. Der Müll wird morgen abgeholt.

    Er packt die vorbereiteten Müllsäcke mit beiden Händen.

    Ich werde mich um die Mauer kümmern müssen.

    Kommst Du jetzt?

    Er steigt langsam die Treppe hinauf.

Verschleiert

Die Anzeige in der Tageszeitung über die Eröffnung eines neuen Lokals mit dem Namen *podcast* lockte Peter aus der Routine seines Alltags. Spontan entschloss er sich, das Lokal noch am selben Tag aufzusuchen, obwohl die Außentemperatur nahe null Grad war. Auf dem Weg spielte er mit seinem Atem, der, kaum ausgehaucht, als Zwergwölkchen dahinschwand. Die Straßenleuchten fahlen Lichtes rangen mit dem herunter fallenden Dunkel des späten Wintertages. Peter war der Überzeugung, dass die Dunkelheit die Geräusche der Schritte dämpfte. Er stellte sich vor, dass die wenigen Passanten auf Pfoten gehen würden.

Gedämpftes Licht hing über dem Tresen des *podcast* und spendete Ruhe für die Gäste. Aus den verdeckten Lautsprechern harmonierte leise Musik die Gemüter. Peter gefiel dieses Ambiente auf Anhieb. Er freute sich über die höfliche Geste, mit der der Barkeeper ihm die frisch gedruckte Karte überreichte.

In der Tiefe des Raumes führt eine Treppe in einen höher gelegenen Bereich des Lokals. Peter erkannte im Hintergrund eine Leinwand und eine Lichtleiste an der

Decke. Eine Bühne, dachte er. Er bestellte sich eine Weissweinschorle und studierte den Text auf der Rückseite der Karte. Das Lokal bot die Möglichkeit, eigene podcasts zum Beispiel für Bewerbungen zu erstellen. Die Bühne könne auch genutzt werden, um Vorlesungen zu gestalten. Gleich stellte er sich vor, dass er dort stehen oder sitzen würde, um etwas aus seinen schriftlichen Werken vorzutragen. Bei diesem Gedanken schüttelte er langsam selbstkritisch den Kopf und griff zu seinem Glas, um den Gedanken herunterzuspülen.

Sie sind auch zum ersten Mal hier?

Die Stimme schwang sich von links zu ihm und klang sanft. Sie war gleichzeitig so bestimmt, dass Peter nicht um eine Antwort herumkam.

Die haben doch erst heute geöffnet.

Nein, heute ist schon der dritte Tag. Sie haben die Anzeige mehrfach geschaltet. Ich war schon am ersten Tag hier. Neugierig. Immer, wenn ein Lokal neu öffnet, gehe ich am ersten Tag hin. Und wenn es mir gefällt, komme ich öfter.

Peter drehte sich der Stimme zu. Sie kam aus einem blassrot geschminkten Lippenpaar. In einem Gesicht, welches Peter zwang, länger als einen Kennenlernmoment hineinzusehen.

Ach so.

Auf dem Tresen steht ein überdimensionaler Cognacschwenker aus rotem Glas. Durch den großen Kelch des Glases schaut wie hineingezaubert eine große schwarze Rose.

Peter mahnte sich selbst, weil seine Antwort doch sehr knapp ausgefallen war.

Ist eine gute Idee, eine schwarze Rose so zu verstecken, oder?

Sein Kopf drehte sich erneut nach links.

Ist das versteckt oder verschleiert?
Guten Abend, ich bin der Peter.
Marimée.
Verschleiert hört sich gut an.
Ich frage mich gerade, ob diese schwarze Rose in diesem großen Glas duftet. Viele Rosen duften. Manche weniger oder gar nicht. Woran liegt das?
Vielleicht können sie einander nicht riechen. Oder die einen hören auf zu duften, wenn sie die anderen nicht leiden können.

Peter lächelte Marimée an.

Ja, man muss sich riechen können.

Peter leerte sein Glas.

Darf ich Sie auf einen Drink einladen?

Marimée hing mit ihren Blicken an dem großen roten Cognacglas. Das matte Licht über dem Tresen umschmeichelte die Glas-Rosen-Kombination und befreite das Glas von seiner Härte.

Danke für die Einladung. Ich nehme sie an. Mir gefällt, dass dem Glas durch das Licht die Härte genommen wird. Man muss die Dinge nur ins rechte Licht setzen. Gibt es eigentlich auch schwarzen Wein?

Ich würde ihn nicht trinken. Der sähe ja aus wie Tinte. Wenn man Tintenfische ausschlägt auf den Felsen am Meer, dann fließt schwarzer Fischwein aus Blut.
Woher wissen Sie das? Haben sie es erlebt?
Ich habe Fischern zugeschaut. In Griechenland. Und in Spanien. Das war spannend. Tintenfische tragen keine Brillen.
Wie kommen Sie denn jetzt auf Brillen?
Ich bin eben ein wenig anders. Nonkonformistisch, verstehen Sie?
Peter nickte.
Das müssen Sie mir bei Gelegenheit erklären. Ich würde mich freuen, wenn wir uns bald wieder treffen würden.
Ohne schwarzen Wein, wenn es geht. Ich würde mich auch freuen.

Wenig später stand Marimée auf und verabschiedete sich von Peter. Er spürte, dass sie alleine gehen wollte. Sie hatte einen kleinen Zettel in der Größe einer Visitenkarte liegen gelassen. Er nahm ihn mit leicht verstohlenem Blick an sich und schaute ihr wie durch einen unerwünschten Schleier nach. Er spürte eine dünne Glocke aus Enttäuschung und Leere über sich. Seine Weinschorle hatte ihren Geschmack verloren.

Kurz danach folgte er auf dem Nachhauseweg den Schienen der Tramlinie, die sich durch die Steinschluchten der Stadt winden. Das Bild der schwarzen Rose in dem ro-

ten Glas begleitete ihn und setzte sich in seine Atemwölkchen.
Vielleicht gibt es ja doch schwarzen Wein. Ich werde ihn suchen. Ich sollte rote Weingläser finden. Oder lieber roten Wein in schwarze Gläser gießen?
Über den lichtlosen Häusern begleiten die läutenden Glocken Peters Schritte. Er freute sich, dass er das Lokal *podcast* aufgesucht hatte. In seinem Traum trank er schwarzen Wein aus einem großen roten Glas und ein Tintenfisch schaute ihm durch eine Brille zu.
Marimée hat sich für den Schlaf in ein rotes Tuch gehüllt.

Das Telefonat mit Marimée war wie eine Kurzgeschichte. Es hatte ein offenes Ende. Erst ganz zum Schluss haben sie sich auf einen gemeinsamen Abend verabredet. Peter rätselte an ihrer Aussage aus dem *podcast*:
Ich bin eben ein wenig anders. Nonkonformistisch, verstehen Sie?
Am nächsten Tag machte er sich auf die Suche nach schwarzem Wein.
Er hat keinen schwarzen Wein gefunden. Aber schwarze Rosen und roten Wein.
Marimée öffnete ihm. Sie trug einen roten schleierhaften Abendmantel und einen schwarzen Büstenhalter.

Wartezimmer

Jens Foerderer betritt das Foyer des Hotels Interglobal in der Hauptstadt. In der Innentasche seines blau-grün-karierten Brioni-Jackets steckt ein an ihn gerichtetes Schreiben. Er zitiert im Kopf daraus: „ und wir freuen uns, Ihnen mitteilen zu können, dass Sie den ersten Preis des diesjährigen Konzernwettbewerbs gewonnen haben ... Es beginnt mit einem Aufenthalt im Hotel Interglobal in der Hauptstadt ."

Jens freut sich auf die mit dem Preis gewonnene Auszeit. Er wird über sein Leben nachdenken können. In aller Ruhe. Schließlich hat er eine lange Zeit harter Arbeit hinter sich.
Das Einchecken wird mit dem Glückwunsch für den gewonnenen Preis begleitet. Jens hat am jährlichen konzerninternen Wettbewerb teilgenommen. Dabei ging es um Unternehmenskultur und ethische Aspekte in der Mitarbeiterführung. Hierbei war es das erste Mal, dass in dem Wettbewerb auch auf Glück eingegangen werden sollte. Einer der Schlüsselsätze in der Ausschreibung des Wettbewerbs lautete: „Der Sieger wird sein Glück finden."

Das sollte nun in diesem Hotel beginnen. Er hat das Gefühl, Glück verdient zu haben. Schon auf dem Weg zur Hauptstadt hat er über die letzte Zeit seines beruflichen Lebens nachgedacht.

Ich werde die Gelegenheit nutzen, um eine Zwischenbilanz meines Lebens zu ziehen.

Er hält inne und lässt seine jüngste berufliche Vergangenheit wie einen Film vor seinem inneren Auge vor sich ablaufen.

Während der letzten Jahre habe ich hart gearbeitet. Bin erfolgreich gewesen. Als Marketing Manager habe ich die jeweiligen Einführungen neuer Produkte erfolgreich geplant und durchgeführt. Man hat mich daraufhin zum Geschäftsführer einer der ausländischen Tochtergesellschaften bestellt. Dort habe ich meine Sprachkenntnisse verbessert. Die Firma wurde erfolgreich. Die Anerkennung im Konzern wuchs. Ich wurde befördert und habe nach wenigen Jahren im Inland erfolgreich eine Konzerngesellschaft geführt. Mein zweiter Name ist Erfolg.

Für seine Familie war das Leben nicht so erfolgreich. Sie folgte ihm zu all seinen beruflichen Stationen. Man muss flexibel sein, dem Erfolg folgen. Man ist ja noch jung. Man wird sich schon anpassen. Schließlich kommt man dadurch voran. Voran. Immer weiter zum Glück.

Der Auslandsaufenthalt war für die Kinder ziemlich aufreibend. Dafür wurden sie öfter zu den Großeltern geschickt und bekamen besonders komfortable Ausstattungen für ihre Zimmer. Da gab es alles, was ihr Herz begehrte.

Das ehemalige Leuchten in den Augen seiner Frau ist nach fünf Jahren Ausland einem unsicheren Flackern gewichen. Sie beherrscht immer noch die kleinen standesüblichen gesellschaftlichen Veranstaltungen mit ihrem Charme und ihrer Herzlichkeit.

Auch jetzt, in der die Führung des Unternehmens Jens Energie und Zeit in Anspruch nimmt, steht sie tapfer an seiner Seite. Sie hält ihm die privaten Sorgen aus Familie, Schule und Bekanntenkreis fern. Jens hat eine schwere Aufgabe bewältigt. Die Anpassung des Unternehmens an die immer komplexer werdenden Marktverhältnisse erfordert die Verringerung der Mitarbeiterzahl um etwa zwanzig Prozent. Er hat sich der Aufgabe gestellt. Er hat das Ziel erreicht. Alles ordentlich durchgezogen. Dem Konzern den Erfolg gemeldet.

Sein Film hat ein Happyend. Er hat eine Belohnung verdient.

Nun kann meine Auszeit beginnen. In der Hauptstadt. Im Interglobal. Als Sieger.

Mit der Zimmerkarte überreicht die Mitarbeiterin des Empfangs einen Briefumschlag. Auf diesem liest er: „Herrn Direktor Jens Foerderer – Ihr persönliches Programm zum Glück".

Er steckt den Umschlag ungeöffnet ein und begibt sich erst einmal in sein Appartement. Oberstes Stockwerk. Endlage.

Seine Schritte sind wegen des dicken Teppichbodens nicht zu hören. Die Tür zum Appartement öffnet sich lautlos. Die Reisetasche landet sanft auf einem der Sessel im Wohnraum. Sein blau-grün-kariertes Brioni-Jacket wird von einem gepolsterten Bügel aufgenommen. Das wärmende Wasser im Waschbecken des mild beleuchteten Badezimmers umspült seine Hände geräuschlos.

Der auf dem Wohnzimmertisch stehende Begrüßungsstrauß nickt ihm nicht zu. In der Bar wartet Champagner. Jens genießt und prostet sich schweigend zu.

Ich habe es geschafft. Jetzt kann ich genießen.

Der Briefumschlag mit dem persönlichen Programm liegt auf dem Tisch. Jens genießt den Drink. Er öffnet den Umschlag mir dem persönlichen Programm.

Dort steht: „Willkommen im Wartezimmer für Dich".

Jens schaut um sich. Er betrachtet die Ausgangstür. Sie ist schlosslos, knopflos.

Jens sucht die nächste Tür. Die Tür zum Schlafzimmer. Sie ist glatt verspiegelt. Kein Griff. Kein Schloss. Vom Boden bis zur Decke. Die Tür zum Bad. Grifflos, knopflos, Die Fenster grifflos verspiegelt. Und alle schauen ihn an: Willkommen Jens!

Über den Autor

Gert Podszun

Jahrgang 1943
Dipl.-Ing. und Betriebswirt, Bw-Hauptmann, Manager, Unternehmer, SeniorCoach, Lyriker, Liebhaber von sprachlichen Experimenten, Autor von Fachartikeln, Kurzgeschichten und Geschichten für Kinder sowie Bücher für Humor und über Wachstum und Glück, sowie Wirtschaftskrimis.
www.aobonn.de
www.bonntext.de
www.consorb.de

Weitere Werke:

Titel	Thema	Verlag	ISBN	Jahr
	Ohne Wind kannst du nicht leben lyrik	gp	Eigenverlag	1978
	Blütenblätter, Gedichte	gp	Eigenverlag	1979
	Gebrauchsanweisungen für verschiedene Wetterlagen Gedichte	JHV Johann Hempel Verlag	3-925192-07-7	1986
	Lyrik	The world of books	3-88325-487-8	1991
	lebensssplitter lyrik	BoD	3-8311-4873-2	1995
	Düster hell Randbemerkungen Lyrik und Texte	BoD	Neuauflage geplant	2000
	Leimlinge Gehen Sie Sprüchen nicht auf den Leim	BoD	13-978-3-837-03022-8	2008
	Nonserl Gehen Sie Werbung nicht auf den Leim	BoD	13-978-3-839-10367-8	2009

Titel	Thema	Verlag	ISBN	Jahr
	Die Wolkenkinder Ein Kinderbuch	BoD	13-978-3-837-04081-4	2008
	WaxtumGlück Reingelegt und reingefallen	BoD	978-3-8391-1542-8	2008
	Der rasierte Fisch Wirtschaftskrimi	BoD	978-3-839-13111-4	2009
	Kater Frieda Wirtschaftskrimi 3. Auflage	BoD	978-3-839-16971-1	2011
	Apostelchips Wirtschaftskrimi 2. Aushabe	BoD	978-3-842-33021-4	2011
	fensterln ausblicke – einblicke gedichte	BoD	978-3-844-80972-5	2011
	Mode-Dich!? Mode in Versform	BoD	978-3-8482-0831-9	2012

Titel	Thema	Verlag	ISBN	Jahr
	WasserGeld Wirtschaftskrimi	BoD	978-3-732-28885-4	2013
	Wetterlagen Kurzgeschichten	BoD	978-3-732-29978-2	2014